四川省安全生产条例

中国法制出版社

四川省安全生产条例
SICHUAN SHENG ANQUAN SHENGCHAN TIAOLI

经销/新华书店
印刷/保定市中画美凯印刷有限公司
开本/850 毫米×1168 毫米　32 开　　印张/1.5　字数/19 千
版次/2023 年 6 月第 1 版　　2023 年 6 月第 2 次印刷

中国法制出版社出版
书号 ISBN 978-7-5216-3641-3　　定价：6.00 元

北京市西城区西便门西里甲 16 号西便门办公区
邮政编码：100053　　传真：010-63141600
网址：http://www.zgfzs.com　　编辑部电话：010-63141673
市场营销部电话：010-63141612　　印务部电话：010-63141606

目　　录

四川省第十四届人民代表大会常务委员会
公　告

第 6 号

《四川省安全生产条例》已由四川省第十四届人民代表大会常务委员会第三次会议于 2023 年 5 月 25 日修订通过，现予公布，自 2023 年 9 月 1 日起施行。

四川省人民代表大会常务委员会

2023 年 5 月 25 日

四川省安全生产条例

(2006 年 11 月 30 日四川省第十届人民代表大会常务委员会第二十四次会议通过　2023 年 5 月 25 日四川省第十四届人民代表大会常务委员会第三次会议修订)

目　　录

第一章　总　　则

第一条　为了加强安全生产工作，防止和减少生产安全事故，保障人民群众生命和财产安全，促进经济社会持续健康发展，根据《中华人民共和国安全生产法》等法律、行政法规，结合四川省实际，制定本条例。

第二条 四川省行政区域内从事生产经营活动的单位（以下统称生产经营单位）的安全生产以及对安全生产的监督管理，适用本条例。

有关法律、法规对消防安全、道路交通安全、铁路交通安全、水上交通安全、民用航空安全以及核与辐射安全、特种设备安全另有规定的，适用其规定。

第三条 安全生产工作坚持中国共产党的领导。

安全生产工作应当以人为本，坚持人民至上、生命至上，把保护人民生命安全摆在首位，树牢安全发展理念，坚持安全第一、预防为主、综合治理的方针。建立大安全大应急框架，完善公共安全体系，推动公共安全治理模式向事前预防转型，从源头上防范化解重大安全风险。

安全生产工作坚持党政同责、一岗双责、齐抓共管、失职追责。建立健全安全生产责任体系，实行属地监管与分级监管相结合、以属地监管为主的监督管理体制；强化和落实生产经营单位主体责任与政府监管责任，建立生产经营单位负责、职工参与、政府监管、行业自律和社会监督的安全生产治理机制。

第四条 生产经营单位必须依法加强安全生产管理，履行安全生产主体责任，建立健全全员安全生产责任制和安全生产规章制度，加大对安全生产资金、物资、技术、人员的投入保障力度，改善安全生产条件，加强安全生产标准化、信息化建设，构建安全风险分级管控和隐患排查治理双重预防工作机制，健全风险防范化解机制，提高安全生产水平，确保安全生产。

生产经营单位的主要负责人是本单位安全生产第一责任人，对本单位的安全生产工作全面负责。其他负责人对职责范围内的安全生产工作负责。

第五条 县级以上地方人民政府应当加强对安全生产工作的领导，统筹发展和安全，将安全生产工作纳入国民经济和社会发展规划，制定并组织实施安全生产专项规划；将安全生产工作所需经费列入本级预算；将安全生产纳入高质量发展评价体系，支持、督促各有关部门、单位依法履行安全生产监督管理职责。

乡镇人民政府和街道办事处，以及开发区、工业园区、港区、风景区等各类功能区（以下统称功能区）

管理机构应当明确负责安全生产监督管理的有关工作机构及其职责，按照职责对本行政区域或者管理区域内生产经营单位安全生产状况进行监督检查，协助人民政府有关部门或者按照授权依法履行安全生产监督管理职责。

居民委员会、村民委员会发现其所在区域内的生产经营单位存在事故隐患、安全生产违法行为或者发生生产安全事故，应当及时向当地人民政府或者有关部门报告。

第六条　地方各级安全生产委员会负责统筹协调、推动解决本地区安全生产工作中的重大事项和重大问题。

县级以上地方人民政府应急管理部门承担本级安全生产委员会日常工作，履行综合监督管理职责，负责指导协调、监督检查本级人民政府有关部门和下级人民政府安全生产工作，组织开展安全生产巡查、考核工作。

县级以上地方人民政府负有安全生产监督管理职责的部门应当遵循管行业必须管安全、管业务必须管安全、管生产经营必须管安全的原则，依照有关法律法规规定，在各自的职责范围内对有关行业、领域的安全生产工作实施监督管理。负有安全生产监督管理职责的部门应当相互配合、齐抓共管、信息共享、资源共用，依法加强安全生产监督管理工作。

其他有关部门在各自职责范围内，做好安全生产相关工作。

第七条 地方各级人民政府及其有关部门主要负责人是本行政区域、本部门安全生产第一责任人，对本行政区域、本部门安全生产工作全面负责；其他负责人对分管范围内的安全生产工作负领导责任。

县级以上地方人民政府应当组织负有安全生产监督管理职责的部门依法编制安全生产权力和责任清单，向社会公布并接受社会监督。安全生产权力和责任清单实行动态管理。

对新兴行业、领域的安全生产监督管理职责不明确的，由县级以上地方人民政府按照业务相近的原则确定监督管理部门。

第八条 生产经营单位的从业人员有依法获得安全生产保障的权利，并应当依法履行安全生产方面的义务。

第九条 工会依法对安全生产工作进行监督，依法参加生产安全事故调查处理等工作。

生产经营单位的工会依法组织职工参加本单位安全生产工作的民主管理和民主监督，督促本单位依法落实安全生产主体责任、完善安全措施、改善安全生产条件，维护职工在安全生产方面的合法权益。生产经营单位制定或者修改有关安全生产的规章制度，应当听取工会的意见。

未组建工会的生产经营单位，由职工代表参与本单位安全生产工作的民主管理和民主监督。

第十条　负有安全生产监督管理职责的省级和设区的市级有关部门可以结合有关行业、领域安全生产工作的实际，按照规定组织拟定安全生产地方标准、管理规范。省人民政府标准化行政主管部门和经其批准的设区的市级人民政府标准化行政主管部门应当组织、指导和协调本行政区域的安全生产地方标准的制定工作。

鼓励生产经营单位制定并执行高于国家标准、行业标准、地方标准技术性要求的企业标准。

第十一条　县级以上地方人民政府及其有关部门应当加强安全生产治理体系和治理能力现代化建设，加快提升基层应急能力，推动基层应急网格化建设，运用大数据、物联网、人工智能等现代信息技术，依托大数据资源平台，深化科技与安全生产监督管理业务的融合，增强生产安全事故预防能力。

县级以上地方人民政府及其有关部门应当鼓励、支持安全生产科学技术研究与创新，加强关键技术攻关及装备研发，推广性能可靠、先进适用的安全生产新技术、新工艺、新装备，加强安全技术人才培养，提升科学技术保障能力和安全生产水平。

鼓励生产经营单位加强智能化建设，运用数字化技术开展安全风险管控、生产安全事故隐患排查治理、重大危险源监控等工作，在危险作业场所、危险工序和环节使用智能装备替代人工作业，降低安全风险。

第十二条 有关行业协会应当加强行业自律和诚信建设，建立健全行业规范，为生产经营单位提供安全生产方面的信息、培训等服务，促进生产经营单位加强安全生产管理，提升行业安全生产水平。

县级以上地方人民政府及其有关部门应当推进重点行业领域安全生产社会化服务体系建设，支持、指导、规范有关安全生产服务机构依法开展安全生产技术、管理服务活动。

第十三条 地方各级人民政府及其有关部门、生产经营单位和各级各类学校应当采取多种形式开展安全生产法律法规、安全生产知识宣传和警示教育，加强安全文化建设，增强全社会安全生产意识以及生产安全事故预防、自救互救能力。

新闻、出版、广播、影视、网络等媒体单位应当加强安全生产公益宣传，并采用新闻报道、专题节目等形式，对安全生产违法行为进行舆论监督。

第十四条 县级以上地方人民政府和省级有关部门对在改善安全生产条件、防止生产安全事故、参加抢险救护、研究和推广安全生产科学技术与先进经验等方面取得显著成绩的单位和个人，应当按照国家和省有关规定给予表彰和奖励。

第二章 生产经营单位的安全生产保障

第十五条 生产经营单位应当具备《中华人民共和国安全生产法》和本条例以及其他有关法律法规、国家标准或者行业标准规定的安全生产条件；不具备安全生产条件的，不得从事生产经营活动。

第十六条 生产经营单位应当将安全生产管理贯穿于生产经营全过程，建立健全从主要负责人到一线从业人员的全员安全生产责任制，明确各部门、各岗位的责任人员、责任范围、考核目标和标准等内容，并加强监督考核，保证全员安全生产责任制的落实。考核结果可以作为从业人员职务调整、收入分配等的依据。

国有及国有控股生产经营单位的安全生产责任制考核结果，纳入生产经营单位负责人的经营业绩考核管理。

第十七条 生产经营单位主要负责人应当履行《中华人民共和国安全生产法》和其他有关法律法规规定的职责，定期研究安全生产问题并检查本单位的安全生产工作，配合政府及其有关部门做好安全生产监督管理工作。

生产经营单位设有职工大会、职工代表大会或者股东大会的，主要负责人应当向其报告安全生产情况。

第十八条 生产经营单位应当明确分管安全生产的负责人或者设置专职安全生产分管负责人，协助主要负责人履行安全生产管理职责。

生产经营单位设置主要技术负责人的，主要技术负责人负有安全生产技术决策和指挥权，对技术方案中涉及安全生产的事项承担管理责任；对不符合安全生产条件的技术方案，具有否决权。未设置主要技术负责人的，由实际承担主要技术负责人职责的人员履行相关安全生产管理职责。

第十九条 矿山、金属冶炼、建筑施工、运输单位和危险物品的生产、经营、储存、装卸单位，应当按照规定设置安全生产管理机构或者配备专职安全生产管理人员。

前款规定以外的生产经营单位，从业人员在一百人以下的，应当配备专职或者兼职安全生产管理人员；从业人员超过一百人的，应当设置安全生产管理机构或者配备专职安全生产管理人员。配备的安全生产管理人员应当满足安全生产工作的需要。

生产经营单位下属项目部、建设指挥部、分公司等独立生产经营单元，应当依照前两款的规定设置安全生产管理机构或者配备安全生产管理人员。

第二十条 矿山、金属冶炼单位和危险物品的生产、储存、装卸单位应当按照国家有关规定配备注册安全工程师从事安全生产管理工作。

鼓励其他生产经营单位聘用注册安全工程师从事安全生产管理工作。生产经营单位可以通过多种方式，激励从业人员取得注册安全工程师资格。

第二十一条 生产经营单位应当制定并落实本单

位安全生产规章制度。

安全生产规章制度应当包括安全生产资金投入、劳动防护用品配备和管理、安全生产例会、安全生产宣传教育和培训、风险分级管控、隐患排查治理、安全设施和设备管理、作业安全管理、安全生产检查、应急预案管理、安全生产档案管理、发包（出租）管理、生产安全事故报告和应急救援等方面的内容。

第二十二条　生产经营单位的决策机构、主要负责人或者个人经营的投资人应当保证具备安全生产条件所必需的资金投入，并对由于安全生产所必需的资金投入不足导致的后果承担责任。

有关生产经营单位应当根据安全生产工作需要，按照规定提取和使用安全生产费用，专门用于改善安全生产条件。安全生产费用在成本中据实列支。

第二十三条　生产经营单位必须安排专项经费为从业人员配备符合国家标准或者行业标准的劳动防护用品，并监督、教育从业人员按照使用规则佩戴和使用；不得以货币或者其他物品替代。购买和发放劳动防护用品的情况应当如实记录。

第二十四条　生产经营单位应当按照国家、省有关规定对从业人员进行安全生产教育和培训，并如实记入从业人员教育和培训档案，未经安全生产教育和培训合格的人员不得上岗作业。上岗前进行安全生产教育和培训的人员包括：

（一）新进从业人员；

（二）离岗达到规定期限或者换岗的从业人员；

（三）采用新工艺、新技术、新材料或者使用新设施、新设备的有关从业人员；

（四）在生产经营单位实习（实训）的学生；

（五）其他应当进行安全生产教育和培训的人员。

生产经营单位的特种作业人员应当按照国家有关规定经专门的安全知识和技能培训，取得相应资格，方可上岗作业。

第二十五条 生产经营场所应当符合相关法律法规的规定，并符合以下要求：

（一）生产、经营、储存、使用危险物品的车间、商店、仓库应当与员工宿舍保持安全距离，不得与员工宿舍设在同一座建筑物内；

（二）生产经营场所和员工宿舍应当设有符合要求的出口、疏散通道，并保持畅通；

（三）生产、储存易燃易爆物品的建筑物、构筑物之间，以及易燃易爆物品与明火或者火花散发地点的距离，应当符合防火防爆的安全规定；因设计标准、规范变化导致不符合安全距离要求的已建成建筑设施，应当迁建或者按照规定采取安全防范措施；

（四）生产经营场所内的道路应当合理布局、保持畅通，并按照规定设置警示标志和防护措施；

（五）存在易燃易爆气体、液体或者可燃性粉尘的危险场所应当按照规定使用防爆型电气设备或者采取有效的防爆技术措施；

（六）生产、经营、储存、使用、装卸危险化学品的场所，应当根据危险化学品的种类、特性，设置相应的安全设施和设备；

（七）易燃易爆物品生产经营储存场所、雷电易发区域和其他露天堆放高大设备的场所，应当按照规定安装雷电防护装置；

（八）国家标准或者行业标准规定的其他安全生产要求。

第二十六条 车站、码头、机场、城市轨道交通站点，学校、养老院、福利院、托儿所、幼儿园、医院，商场、集贸市场、宾馆、饭店，影剧院、体育场馆、歌舞厅、景区等人员密集场所，应当遵守下列安全生产要求：

（一）不得违法改变场所建筑的主体和承重结构；

（二）设置标志明显的安全出口和符合疏散要求的疏散通道，并确保畅通；

（三）制定火灾、踩踏事故专项应急预案，配备应急广播、应急照明设施、消防器材，安装必要的安全监控系统，并确保完好、有效；

（四）容纳人数应当符合安全管理规定；

（五）组织生产安全事故应急救援演练；

（六）有关责任人能够熟练使用应急广播，掌握应急救援预案的全部内容；

（七）相关从业人员能够熟练使用消防器材、安全设施，知晓安全出口和疏散通道的位置以及本岗位的应急救援职责；

（八）法律法规、国家标准或者行业标准规定的其他安全生产要求。

第二十七条 生产经营单位应当在醒目位置和重点区域设置重大安全风险公告栏，制作岗位风险告知卡，标明风险种类、主要风险因素、可能引发生产安全事故类型、事故后果、应急措施以及责任人、联系方式等内容。对存在较大危险因素的生产经营场所、设施、设备及其周边，设置明显的符合标准的安全警示标志。

第二十八条 生产经营单位应当按照安全生产风险分级管控制度，定期开展安全生产风险评估和危害辨识，按照国家和省有关规定排查安全生产风险，并将安全生产风险区分为不同等级严格管控。

属于重大安全生产风险的，应当制定专项管控方案，采取限制或者禁止人员进入、定期巡查检查等安全风险管控措施。

第二十九条 生产经营单位应当按照生产安全事故隐患排查治理制度，对事故隐患进行排查并及时采取措施予以消除；对不能立即排除的事故隐患，应当制定治理方案，明确整改措施、责任、资金、时限和应急措施。事故隐患排除前和排除过程中无法保证安全的，应当从危险区域内撤出人员，疏散周边可能危及的其他人员，并设置警示标志。

生产经营单位应当将生产安全事故隐患排查治理情况如实记录，并通过职工大会或者职工代表大会、信息公示栏等方式向从业人员通报。其中，重大生产安全事故隐患排查治理情况应当及时向负有安全生产监督管理职责的部门和职工大会或者职工代表大会报告。

生产经营单位事故隐患涉及其他单位的，应当协商处理，协商不成的，应当报告负有安全生产监督管理职责的部门或者所在地乡镇人民政府、街道办事处以及功能区管理机构协助处理。

第三十条 监理单位应当严格按照有关法律法规规定和与委托单位的约定开展监理工作，发现生产安全事故隐患，应当要求被监理单位整改；情节严重的，应当要求被监理单位停止作业，并及时报告委托单位；被监理单位拒不整改或者不停止作业的，应当及时向负有安全生产监督管理职责的部门报告。

第三十一条 生产经营单位新建、改建、扩建工程项目的安全设施，必须与主体工程同时设计、同时施工、同时投入生产和使用。安全设施投资应当纳入建设项目概算。

安全设备的设计、制造、安装、使用、检测、维修、改造和报废，应当符合国家标准或者行业标准。

生产经营单位必须对安全设备进行经常性维护、保养，按照规定检测，保证正常运转。维护、保养、检测应当做好记录，并由有关人员签字。维护、保养、检测记录应当包括安全设备的名称和维护、保养、检测的时间、人员、问题等内容，并妥善保存。

第三十二条　生产经营单位生产、经营、使用的设施、设备应当按照规定检测检验合格。生产经营单位应当按照规定对其进行维护保养，确保使用安全。

生产设备应当配置相应的安全设备或者采取相应的安全措施后方能投入生产或者使用，不得在超温、超压、超负荷或者带故障等情况下运行。

第三十三条　生产经营单位有下列情形之一的，可能对安全生产造成影响的，应当组织专业技术人员或者依法委托专业机构进行风险评估，形成评估报告，针对安全风险隐患，采取相应防范措施：

（一）使用新工艺、新技术、新材料、新设备的；

（二）改变工艺、配方或者调整生产规划布局的；

（三）开展大型检修、维修作业的；

（四）开展老旧建筑、设施更新、改造的；

（五）开展具有较大风险的危险化学品相关研发试验的。

生产经营单位不得使用国家、省明令淘汰的危及生产安全的工艺、设备。

第三十四条　生产经营单位应当对重大危险源登记建档，进行定期检查、检测、评估、监控，制定并落实应急预案，告知从业人员和相关人员在紧急情况下应当采取的应急措施。

生产经营单位应当按照有关规定将本单位重大危险源的名称、地点、数量、性质和可能造成的危害及有关安全措施、应急措施报所在地县级人民政府应急管理部门和有关部门备案。

第三十五条 矿山、金属冶炼、建筑施工、运输单位和危险物品的生产、经营、储存、装卸单位以及其他存在重大危险源的单位应当按照国家和省有关规定实时、准确、完整地将安全生产基础情况、监控、监测和预警等数据报送到相关负有安全生产监督管理职责的部门。

相关省级负有安全生产监督管理职责的部门应当对前款规定数据的报送范围、要素和路径等制定指南或者规范。

第三十六条 生产经营单位应当按照规定对爆炸性物质进行监测和检测。爆炸性物质在空气中或者介质中的混合浓度、储存量、储存和使用方式，应当符合有关安全标准和规定。

易燃易爆物品的包装、运输、储存应当有符合规定的醒目标志，包装应当严密封实，轻装轻卸。性质互相抵触或者灭火方法不同的物品，禁止混存混放。

以燃气作燃料的生产经营单位，应当按照有关规定加强对燃气管道、存储罐体、报警装置等设施、设备的检查、维护和安全管理，及时排除生产安全事故隐患。

第三十七条 危险化学品应当储存在专用仓库、专用场地或者专用储存室内，储存方式、方法和数量应当符合国家标准、行业标准，并按照国家有关规定管理。

取得危险化学品经营许可（不带有储存）的生产经营单位，不得将危险化学品储存在供货单位和用户单位符合安全条件的专用仓库、专用场地或者专用储存室之外的场所。危险化学品商店内只能存放民用小包装的危险化学品。

第三十八条 生产经营单位应当保证作业安全。

生产经营场所内作业现场应当满足以下要求：

（一）对可能引起人身伤害的坑、洞、井、沟、池及临边区域设置符合相关技术标准的盖板或者护栏；

（二）合理堆放原材料、成品、器材、设备、废料等物品，不得妨碍操作、通行和装卸；

（三）对可能导致毗邻建筑物、构筑物、特殊设施损害的生产施工作业采取专项防护措施；

（四）对在城市规划区、集镇等人员较密集区域的建设工程施工现场实行封闭围挡；

（五）其他利于作业现场安全防护的措施和要求。

第三十九条 生产经营单位进行爆破、吊装、动火、临时用电、危险装置设备试生产、有（受）限空间、有毒有害、建（构）筑物拆除，以及临近高压输电线路、输油（气）管道等危险作业，应当遵守下列规定：

（一）对作业现场进行安全风险辨识；

（二）制定安全防范措施；

（三）执行内部审批程序并予以现场确认；

（四）确认作业人员的上岗资格、身体状况以及配备的劳动防护用品符合安全作业要求；

（五）进行安全技术交底，向作业人员说明危险因素、作业安全要求和应急措施；

（六）安排专门人员进行现场安全管理，确保遵守操作规程，落实安全措施；

（七）按照规定配备符合标准的检验检测设备、安全防护设备、应急救援装备，设置安全警示标志。

有（受）限空间作业应当遵循先通风再检测后作业、内部作业外部监护、动态监测的原则，按照有关规定加强风险管控，确保整个作业过程处于安全受控状态，未经检测或者检测不合格的，不得进入有（受）限空间作业。有（受）限空间作业活动的安全管理和监督的具体办法由省人民政府组织负有安全生产监督管理职责的部门制定。

第四十条 因大风、大雨、大雪、大雾、高温等恶劣气象条件或者地震、洪涝地质灾害、森林草原火灾等灾害可能危及生产、施工、经营场所或者人员人身安全的，应当停止作业，并采取应急处置措施；因特殊情况确需作业的，应当采取专门措施保障安全。

第四十一条 生产经营单位应当对本单位安全生产状况和安全生产管理制度的执行情况进行经常性检查。

生产经营单位的安全生产管理人员对检查中发现或者从业人员报告的安全问题，应当立即处理；不能处理的，应当及时报告本单位有关负责人；有关负责人对安全生产管理人员或者从业人员报告的安全问题应当及时处理。检查及处理情况应当如实记录，并由相关人员签字，不得伪造、篡改。

生产经营单位安全生产管理人员在检查中发现重大生产安全事故隐患，应当向本单位有关负责人报告；

有关负责人不及时处理的，安全生产管理人员可以向主管的负有安全生产监督管理职责的部门报告，接到报告的部门应当依法及时处理。

第四十二条 生产经营项目、场所发包或者出租给其他单位的，生产经营单位应当与承包单位、承租单位签订专门的安全生产管理协议，或者在承包合同、租赁合同中约定各自的安全生产管理职责。

生产经营单位应当明确机构或者人员对承包单位、承租单位的安全生产工作统一协调、管理，定期进行安全检查，发现安全问题的，应当及时督促整改。

生产经营单位不得将生产经营项目、场所、设备发包或者出租给不具备安全生产条件或者相应资质的单位或者个人。

第四十三条 物业服务企业应当对服务区域内的通行道路、公共绿化、消防设施、水电气管网设施以及封闭、半封闭空间等物业共用部位、共用设施进行定期巡查，发现生产安全事故隐患的，及时设置警示标志，采取措施消除事故隐患；无法消除的，及时向所在地乡镇人民政府、街道办事处、功能区管理机构、负有安全生产监督管理职责的部门或者有关专业经营单位报告。

对物业服务区域内危害安全生产的行为，物业服务企业应当及时劝阻；必要时及时向所在地乡镇人民政府、街道办事处、功能区管理机构或者负有安全生产监督管理职责的部门报告。

发生生产安全事故或者其他紧急情况时，物业服务企业应当采取应急措施，及时报告并协助做好救援工作。

第四十四条 生产经营单位可以依法委托安全生产服务机构提供安全评价、认证、检测、检验以及安全生产检查、隐患排查、风险评估、咨询论证等安全生产技术、管理服务。

安全生产服务机构应当严格执行有关法律法规和国家标准或者行业标准的规定，确保出具的报告和作出的结论真实、准确、完整。承担安全评价、认证、检测、检验的机构应当具备国家规定的资质条件。

小微企业、个体工商户以及位置相邻、业态相近、行业相似的生产经营单位，可以根据实际需要采取集群托管、资源共享等方式进行安全生产管理，保障安全生产。

生产经营单位委托安全生产服务机构提供安全生产技术、管理服务的，保证安全生产的责任仍由本单位承担。

第四十五条 生产经营单位必须依法参加工伤保险，为从业人员缴纳保险费。

国家规定的高危行业、领域的生产经营单位，应当按照国家规定投保安全生产责任保险。鼓励其他行业、领域的生产经营单位投保安全生产责任保险。保险机构应当对投保的生产经营单位提供生产安全事故技术预防服务，建立生产安全事故快速理赔及预赔付等机制。

第四十六条 大型群众性活动的承办者，应当制定安全工作方案和应急预案，并按照国家和省有关规定依法履行审批、备案手续。在活动期间应当落实各项安全保障措施，保证活动场所的安全设施正常运转，配备足够的工作人员维持现场秩序，保障参加活动人员的人身、财产安全。

第三章 从业人员的安全生产权利义务

第四十七条 生产经营单位的从业人员享有下列安全生产方面的权利：

（一）了解作业场所、工作岗位存在的危险、危害因素及防范和应急措施；

（二）对本单位的安全生产工作提出建议，对存在的问题提出批评、检举和控告；

（三）拒绝违章指挥和强令冒险作业；

（四）发现直接危及人身安全紧急情况时，停止作业或者采取可能的应急措施后撤离作业场所；

（五）因生产安全事故受到损害的，依法享有工伤保险的待遇和民事侵权损害赔偿请求权；

（六）法律法规规定的其他权利。

第四十八条 生产经营单位应当保障从业人员依法享有的安全生产权利，不得违章指挥、强令或者放任从业人员冒险作业；不得超过核定的生产能力、生产强度或者生产定员组织生产；不得违反操作规程、生产工艺、技术标准或者安全管理规定组织作业。

生产经营单位不得因从业人员对本单位安全生产工作提出批评、检举、控告或者拒绝违章指挥、强令冒险作业而降低其工资、福利等待遇或者解除与其订立的劳动合同。

第四十九条 生产经营单位的从业人员应当履行下列安全生产方面的义务：

（一）严格落实岗位安全责任，服从管理，执行制度和规程，正确佩戴和使用劳动防护用品；

（二）接受安全生产培训教育，参加应急演练，掌握岗位安全知识，提高安全生产技能，增强生产安全事故预防和应急处置能力；

（三）作业前和作业结束后按照本单位的安全生产规章制度和操作规程，对本岗位负责的设备、设施、工具、安全防护装置、作业场所、物品堆放等进行安全检查；

（四）发现事故隐患或者其他不安全因素，应当立即向现场安全生产管理人员或者本单位负责人报告；

（五）发生生产安全事故时及时报告并按相关规定处置，紧急撤离时服从现场统一指挥；

（六）配合安全生产执法检查、生产安全事故调查等工作，如实提供有关情况；

（七）法律法规规定的其他义务。

第四章　安全生产的监督管理

第五十条　县级以上地方人民政府应当根据本行政区域内的安全生产状况，组织有关部门按照职责分工，对本行政区域内易发、频发生产安全事故的生产经营单位进行严格检查，维护安全生产秩序。

县级以上地方人民政府应当加强安全生产监督管理信息化建设，实现安全风险分级管控、生产安全事故隐患排查治理、重大危险源监控、应急救援、监管执法等信息互联互通，提升监管的精准化、智能化水平。

第五十一条　县级以上地方人民政府应当建立健全安全风险评估与论证机制，按照安全风险管控要求科学合理确定企业选址和基础设施建设、居民生活区空间布局。

新建居民区、学校、养老院、福利院、托儿所、幼儿园等人员密集场所应当与燃油燃气长输管道、电力设施以及危险物品生产、经营、储存区域保持合理的安全距离，不得位于矿区塌陷和尾矿库（含固体废弃物堆场）可能危及的区域。

第五十二条　负有安全生产监督管理职责的部门应当根据行业、领域的实际情况，定期分析研判安全生产形势，及时发布预警提示信息，加强事故防范预警。

负有安全生产监督管理职责的部门应当将重大生产安全事故隐患纳入相关信息系统，建立健全重大生产安全事故隐患治理督办制度，督促生产经营单位消除重大生产安全事故隐患。

负有安全生产监督管理职责的部门根据需要，可以邀请专家或者委托专业机构，提供生产安全事故预防、风险评估、咨询论证以及应急救援等专业技术服务。

第五十三条 县级以上地方人民政府应急管理部门应当按照分类分级和属地监管的要求，依照职责分工，根据监督管理权限、生产经营单位状况、执法人员数量、技术装备和经费保障等情况，制定安全生产年度监督检查计划，编制现场检查方案，并按照年度监督检查计划和现场检查方案进行监督检查，依法查处安全生产违法行为。

第五十四条 县级以上地方人民政府应急管理部门和其他负有安全生产监督管理职责的部门依法开展安全生产行政执法工作，指导监督有关生产经营单位落实安全生产主体责任，依法开展安全生产监督检查工作。

负有安全生产监督管理职责的部门在安全生产监督管理工作中应当严格遵守法律法规的规定，依法维护生产经营单位和从业人员的合法权益，不得干预其正常生产经营和作业活动，并对监督管理中获悉的技术秘密和业务秘密依法予以保密。

第五十五条 县级以上地方人民政府应当加强安全生产监管执法能力建设，保障安全生产监管工作所必需的经费、人员和装备等，结合实际推行应急管理综合行政执法技术检查员和社会监督员制度，强化安全生产执法体系建设，建立健全行政执法与司法衔接制度。

负有安全生产监督管理职责的部门应当加强监管执法规范化建设，定期对执法人员开展安全生产技术、管理、法律法规等方面的培训和考核，提高执法人员业务能力和综合素质，提升安全生产监管执法技术水平。

第五十六条 县级以上地方人民政府应当建立健全安全生产巡查、考评等制度，对有关部门和下级人民政府执行安全生产法律法规、履行安全生产监管责任、调查处理生产安全事故等情况进行巡查、考评，巡查、考评结果作为有关负责人考核、奖惩和使用的重要参考。

县级以上地方人民政府应当建立完善安全生产约谈制度，对安全生产问题突出、履行职责不力的部门和下级人民政府有关负责人进行提醒、告诫，并督促整改。

第五十七条 任何单位或者个人均有权通过12345政务服务便民热线、12350安全生产举报投诉电话、来信来访等形式，报告或者举报生产安全事故隐患、安全生产违法行为。受理（办理）部门应当对举报人的身份信息予以保密。举报事项经查证属实的，依照有关规定给予奖励。

第五十八条 本省应当加强与周边省（自治区、直辖市）安全生产工作协同，建立安全生产工作协作机制，强化生产安全事故应急预案衔接，加强重大安全风险联防联控，提高跨区域应急救援资源共享与联合处置能力，推动区域安全生产协同发展。建立健全成渝地区双城经济圈安全生产协调联动机制。

第五章 生产安全事故的应急救援与调查处理

第五十九条 县级以上地方人民政府应当建立健全生产安全事故应急救援体系，强化应急救援队伍建设，组织制定本地区生产安全事故应急预案，储备应急救援物资、装备，完善交通、医疗、治安等保障措施，建立完善生产安全事故应急救援信息系统，提升应急救援能力。

鼓励有条件的地区建立应急救援基地。

第六十条 负有安全生产监督管理职责的部门应当根据国家规定和本省突发事件总体应急预案，按照职责组织制定本行业、领域生产安全事故应急预案，并定期组织演练。

乡镇人民政府和街道办事处，以及功能区管理机构应当制定相应的生产安全事故应急救援预案，协助人民政府有关部门或者按照授权依法履行生产安全事故应急救援工作职责。

第六十一条 生产经营单位应当结合事故风险辨识、评估和应急资源调查等情况，制定、公布、实施本单位的生产安全事故应急救援预案或者现场处置方案，与所在地县级以上地方人民政府组织制定的生产安全事故应急预案相衔接，并按照有关规定进行备案和定期演练。

生产经营单位应当按照本单位应急救援预案或者现场处置方案，配备必要的应急救援器材、设备和物资，并进行经常性维护、保养，确保正常使用。

第六十二条 矿山、金属冶炼、城市轨道交通运营、建筑施工单位和危险物品的生产、经营、储存单位应当按照国家有关规定建立应急救援组织；生产经营规模较小的，可以不建立应急救援组织，但应当指定兼职应急救援人员，并且可以与邻近的应急救援队伍签订应急救援协议。

功能区管理机构管辖范围内的生产经营单位，可以联合建立应急救援队伍。

第六十三条 生产经营单位发生生产安全事故后，事故现场有关人员应当立即报告本单位负责人。单位负责人接到生产安全事故报告后，应当迅速采取有效措施，在确保安全的前提下，科学组织施救，控制危险源、封锁危险场所，防止事故扩大，减少人员伤亡和财产损失，并按照国家有关规定立即如实报告当地负有安全生产监督管理职责的部门。任何单位和个人不得隐瞒不报、谎报或者迟报生产安全事故，不得故意破坏事故现场、毁灭有关证据。

生产安全事故发生后，造成人员伤害需要抢救治疗的，事故发生单位应当及时组织抢救治疗并垫付医疗救治费。因特殊情况不能及时垫付的，医疗机构不得拒绝救护。生产安全事故救援、善后处理、险情处置等必要费用由事故责任单位承担。

第六十四条 接到生产安全事故报告后，有关人民政府和负有安全生产监督管理职责的部门应当按照应急救援预案科学组织事故抢救，并按照规定的程序和时限上报事故信息。

参与生产安全事故抢救的部门和单位应当服从统一指挥，加强协同联动，采取有效的应急救援措施，并根据事故救援的需要采取警戒、疏散等措施，防止事故扩大和次生灾害的发生，减少人员伤亡和财产损失。

生产安全事故现场可能再次发生事故或者次生灾害的，抢险救援现场主要指挥人员综合现场情况和专家组意见后，可以决定暂停或者终止抢险救援。

任何单位和个人应当支持、配合事故救援，并提供一切便利条件。

第六十五条　生产安全事故由县级以上地方人民政府按照规定成立生产安全事故调查组开展调查，也可以授权或者委托有关部门、单位组织调查。

上级人民政府认为必要时，可以提级调查处理下级人民政府管辖的生产安全事故。上级安全生产委员会可以对下级人民政府生产安全事故调查工作进行督办。

任何单位和个人不得阻挠和干涉对生产安全事故

的依法调查处理。

第六十六条 生产经营单位及其有关人员应当如实提供生产安全事故调查的相关资料和证据，不得编造、篡改、毁弃与生产安全事故有关的原始资料和证据，其主要负责人和有关人员应当接受生产安全事故调查组的询问、调查，不得以任何理由拒绝、逃避。

第六十七条 生产安全事故调查组应当在法定期限内提交生产安全事故调查报告，并报负责生产安全事故调查的人民政府批复。

生产安全事故调查期限从生产安全事故发生之日起计算；存在瞒报、迟报情形的，调查期限从生产安全事故调查组成立之日起计算。下列时间不计入生产安全事故调查期限，但应当在报送生产安全事故调查报告时向负责生产安全事故调查的人民政府说明：

（一）受天气、技术条件限制等不可抗力因素影响无法开展生产安全事故调查取证的时间；

（二）因生产安全事故救援无法进行现场勘察的时间；

（三）特殊疑难问题技术鉴定所需的时间；

（四）监察机关审查调查的时间；

（五）上级督办生产安全事故的审核备案时间。

第六十八条　县级以上地方人民政府应当按照国家有关规定，对在生产安全事故应急救援中伤亡的救援人员及时给予救治和抚恤。

第六十九条　生产安全事故调查报告批复后一年内，负责生产安全事故调查的县级以上地方人民政府组织牵头调查生产安全事故的部门对生产安全事故整改和防范措施落实情况进行评估，并及时向社会公开评估结果；对不履行职责导致生产安全事故整改和防范措施没有落实的有关单位和人员，应当按照有关规定追究责任。

第六章　法律责任

第七十条　违反本条例规定的行为，法律、法规已有法律责任规定的，从其规定。

本条例规定的行政处罚由应急管理部门和其他负有安全生产监督管理职责的部门按照职责分工决定。

第七十一条　生产经营单位违反本条例规定，有下列行为之一的，责令限期改正，处五万元以下的罚款；逾期未改正的，处五万元以上二十万元以下的罚款，对其直接负责的主管人员和其他直接责任人员处一万元以上二万元以下的罚款；情节严重的，责令停产停业整顿：

（一）未按照第二十三条、第四十八条规定保障从业人员的安全生产权利的；

（二）未按照第三十三条规定组织风险评估或者针对安全风险隐患采取防范措施的；

（三）未按照第三十五条规定向负有安全生产监督管理职责的部门报送安全生产数据的。

第七十二条 取得危险化学品经营许可（不带有储存）的生产经营单位违反本条例第三十七条第二款规定进行储存的，责令限期改正，处五万元以上十万元以下的罚款；逾期未改正的，责令停产停业整顿，情节特别严重的，吊销危险化学品经营许可证。

第七十三条 生产经营单位违反本条例第三十九条第一款规定进行作业的，责令限期改正，处十万元以下的罚款；逾期未改正的，责令停产停业整顿，并处十万元以上二十万元以下的罚款，对直接负责的主管人员和其他直接责任人员处二万元以上五万元以下的罚款。

第七十四条 生产经营单位从业人员违反本条例规定，不落实岗位安全责任，不服从管理，违反安全生产规章制度或者操作规程的，由生产经营单位给予批评教育，依照有关规章制度给予处分。

第七十五条 地方各级人民政府和有关部门的工作人员应当严格履行安全生产法定职责，有下列行为之一的，依法给予处分；构成犯罪的，依法追究刑事责任：

（一）违法要求生产经营单位接受指定的安全评价、认证、评估、检测、检验等中介机构服务的；

（二）违法干预生产经营单位的正常生产经营和作业活动造成不良后果的；

（三）瞒报、谎报、迟报生产安全事故的；

（四）违规干预安全生产行政执法或者生产安全事故调查处理的；

（五）未依法履行生产安全事故应急救援职责造成严重后果的；

（六）有其他滥用职权、玩忽职守、徇私舞弊行为的。

第七十六条 地方各级人民政府和有关部门工作人员的安全生产责任追究，应当根据岗位职责，综合考量履职情况、履职条件、主观过错、产生后果、因果关系等因素，对照监督检查计划、现场检查方案、权力和责任清单，失职照单问责、尽职照单免责。

在生产安全事故调查中，查明有关人民政府和部门的工作人员已经依法履行安全生产法定职责的，依法免予或者不予追责问责；查明负有责任的工作人员有主动采取措施，有效挽回损失、避免损失扩大，或者主动配合调查等情形的，可以依法从轻、减轻处分。

第七章　附　　则

第七十七条　本条例中下列用语的含义：

生产经营单位主要负责人，是指生产经营单位的法定代表人、实际控制人、实际负责人。

危险物品，是指易燃易爆物品、危险化学品、放射性物品等能够危及人身安全和财产安全的物品。

重大危险源，是指长期地或者临时地生产、搬运、使用或者储存危险物品，且危险物品的数量等于或者超过临界量的单元（包括场所和设施）。

第七十八条　本条例自 2023 年 9 月 1 日起施行。

关于《四川省安全生产条例（修订草案）》的说明

——2022 年 11 月 30 日在四川省第十三届人民代表大会常务委员会第三十八次会议上

四川省应急管理厅厅长　夏凤俭

四川省人大常委会：

按照有关法律规定和省人大常委会安排，受省政府委托，现就《四川省安全生产条例（修订草案）》（以下简称条例修订草案）说明如下。

一、修订必要性

根据 2002 年制定出台的《中华人民共和国安全生产法》，我省于 2006 年制定了《四川省安全生产条例》（以下简称条例）。2021 年《中华人民共和国安全生产法》修改后，进一步完善安全生产工作机制，强化生产经营单位的安全生产主体责任和监督管理措施，加大对违法行为的处罚力度。党的二十大报告强调“坚持安全第一、预防为主”，“推进安全生产风险专项整治，加强重点行业、重点领域安全监管”。我省条例部分规定已经不符合上位法规定和国家决策部署要求。为确保法制统一，适应新形势下我省安全生产工作的立法需求，修订条例十分必要。

二、修订过程

2022 年，省政府将条例修订列入立法计划。应急厅及时启动了起草工作，在广泛开展调研并充分吸取各方意见的基础上，形成了条例修订草案代拟稿。司法厅按照立法程序进行了审查论证，经修改完善形成了条例修订草案送审稿。2022 年 11 月 22 日，条例修订草案经省政府第 115 次常务会议审议通过。

三、主要内容

条例修订草案由原来的八十五条修订为八十二条，共七章，章节名称与安全生产法保持一致，为总则、生产经营单位的安全生产保障、从业人员的安全生产权利义务、安全生产的监督管理、生产安全事故的应急救援与调查处理、法律责任和附则，主要内容如下：

（一）完善安全生产责任体系、构建齐抓共管格局。一是明确坚持党对安全生产工作的领导，把保护人民生命安全摆在首位，坚持安全第一、预防为主、综合治理总体方针。二是明确政府和各部门主要负责人对本地区、本部门安全生产工作全面负责，实行党政同责、一岗双责、齐抓共管、失职追责。三是明确应急管理部门为综合监管部门，与其他 25 个部门（统称负有安全生产监督管理职责的部门）按职责对各行业、领域安全生产实施监督管理，落实“三管三必须”。四是规定政府依法编制安全生产权责清单，确保将责任落实到最小工作单元。五是规定建立巡查、考评和约谈制度，督促政府和各部门依法履职。六是明确生产经营单位、从业人员、工会、行业组织和第三方服务机构的职责，建立生产经营单位负责、职工参与、政府监管、行业自律和社会监督的安全生产工作机制。(第一章)

（二）压实生产经营单位安全生产主体责任，加大对从业人员的关怀保障。一是明确生产经营单位主要负责人为本单位安全生产第一责任人，建立全员安全生产责任制，强化考核确保责任落实。二是规定生产经营单位加强安全生产规章制度建设和资金、物资及人员投入保障，改善安全生产条件，构建安全风险分级管控和隐患排查治理双重预防工作机制。三是规范作业场所和作业秩序，不得违规强行组织生产，降低人为风险。四是规定加强高危行业领域管理，落实人防物防技防措施，遏制重特大事故发生。五是明确严格保障从业人员安全生产权利，增强从业人员自主安全意识和自我保护能力。(第二章、第三章)

（三）强化属地政府、监管部门的安全生产监管责任。一是规定政府落实属地监管责任，维护安全生产秩序。二是规定建立安全生产评估论证和风险研判机制，强化风险隐患源头治理。三是明确依靠信息系统等现代化手段，提升监管精准化、智能化水平。四是规定执法部门提升专业能力和保障水平，严打各类安全生产违法行为。五是明确实行重大事故隐患督办制度，加强过程监管。六是明确建立群众监督和舆论监督机制，形成监管合力。七是创新信用监管方式，依法实施守信激励和失信惩戒。(第四章)

（四）细化生产安全事故救援和调查处理。一是明确政府加强事故救援体系建设和完善保障措施，提升应急救援能力。二是加强预案管理，明确政府、部门及生产经营单位建立相互衔接的应急预案体系，并定期组织演练。三是完善应急报告和响应机制，加强协同联动，防止事故扩大。四是明确事故调查方式和期限，细化事故调查报告内容。五是规定按期开展事故

整改落实情况评估，防止事故重复发生。(第五章)

另外，条例修订草案对未保障从业人员安全生产权利、未按规定开展风险评估、不遵守高风险作业规定等违法行为增补了罚则，对公职人员失职追责、尽职免责作出原则性规定。(第六章)

条例修订草案连同以上说明，请审议。